# Filosofia para crianças

## De criança para crianças

## Era uma vez!

# A maquina velha

## História para colorir!

# Por: Bernardo Octaviano Pereira

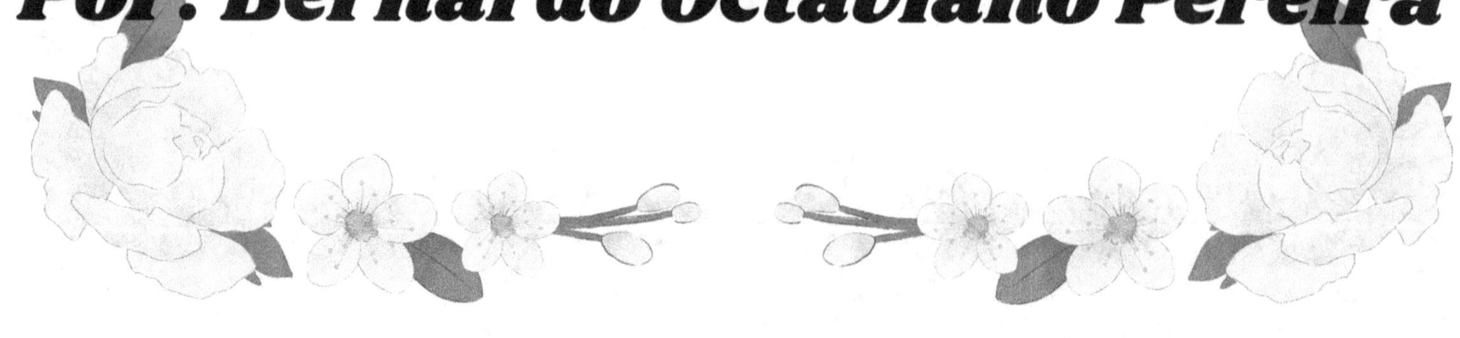

# Este livro pertence a:

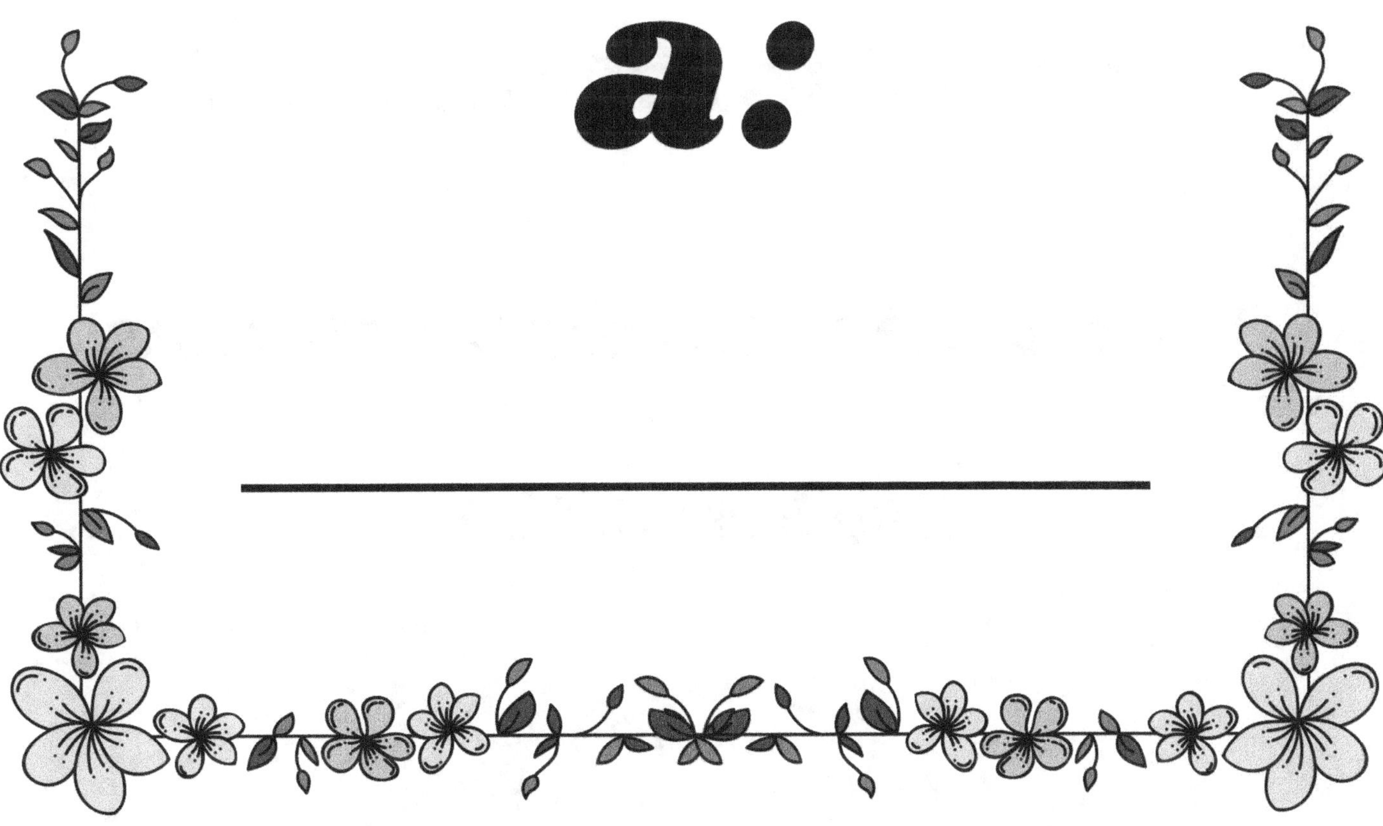

*Eu dedico essa obra, primeiramente para os meus pais que eu tanto amo, para minhas professoras, para minhas tias de coração e para todos os meus amigos, Deus que abençoe a todos infinitamente!*

*Bernardo Octaviano Pereira*

*16/03/2024*

4ra uma v4z, não muito long4 daqui 4m um v4lho 4scritorio, um 4mpr4gado 4scr4via um docum4nto muito important4, 4m uma v4lha máquina d4 4scr4v4r.

Contudo, 4ssa v4lha maquina tinha uma p4culiaridad4, uma t4cla qu4 não funciona corr4tam4nt4. 4sse p4qu4no d4f4ito fazia uma 4norm4 dif4r4nça 4 comprom4tia todo docum4nto.

Como algo tão p4qu4no podia causar um impacto tão grand4? Aqu4la t4cla apar4nt4m4nt4 insignificant4 mudava compl4tam4nt4 o trabalho do hom4m, comprom4t4ndo todo o s4u s4rviço.

O hom4m d4p4ndia d4ssa p4qu4na t4cla, para utilizar a máquina d4 4scr4v4r, 4 s4m 4la, todo o docum4nto ficava pr4judicado

A 4stória d4ss4 4mpr4gado, 4 um r4fl4xo d4 como p4qu4nos d4talh4s pod4m s4r cruciais 4 faz4r toda a dif4r4nça 4m nosso trabalho 4 na vida.

Assim como a máquina d4 4scr4v4r, todos noz somos important4s, s4ja para o papai do c4u, para nossa família ou para nossos amiguinhos

Cada um d4 noz d4s4mp4nha um papel único 4 4ss4ncial, 4 assim como aqu4la t4cla na velha máquina, cada p4ssoa faz uma dif4r4nça significativa.

Portanto da m4sma forma qu4 a aus4ncia da t4cla af4ta o trabalho do 4mpr4gado, a aus4ncia d4 cada p4ssoa 4m nossas vidas pod4 t4r um 4mpaqu4to profundo.

Valoriz4mos cada indivíduo como uma part4 4ss4ncial 4m nosso mundo, r4conh4c4ndo qu4, assim como a t4cla na máquina d4 4scr4v4r, cada um contribui d4 man4ira única 4 valiosa.

S4m 4ssa p4qu4na t4cla não pod4-s4 usar a máquina d4 4scr4v4r, 4la comprom4t4 todo o docum4nto qu4 o hom4m faz;

Somos todos assim tamb4m, somos todos important4s, para o papai do c4l, para a família 4 para os amiguinhos tab4m, como uma t4cla numa v4lha maquina d4 4scr4v4r faz muita falta, voç4 tamb4m faz muita falta,

Fim!